¿Qué ves?

Benjamín Rossi

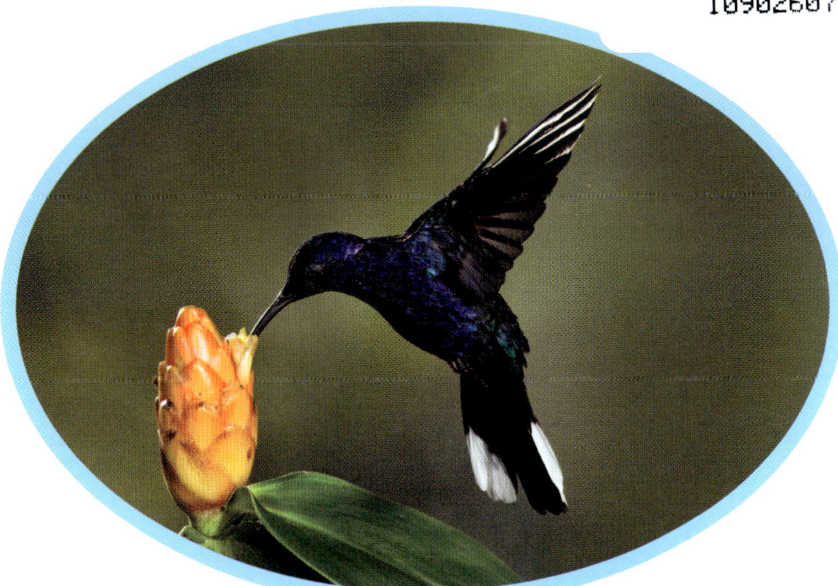

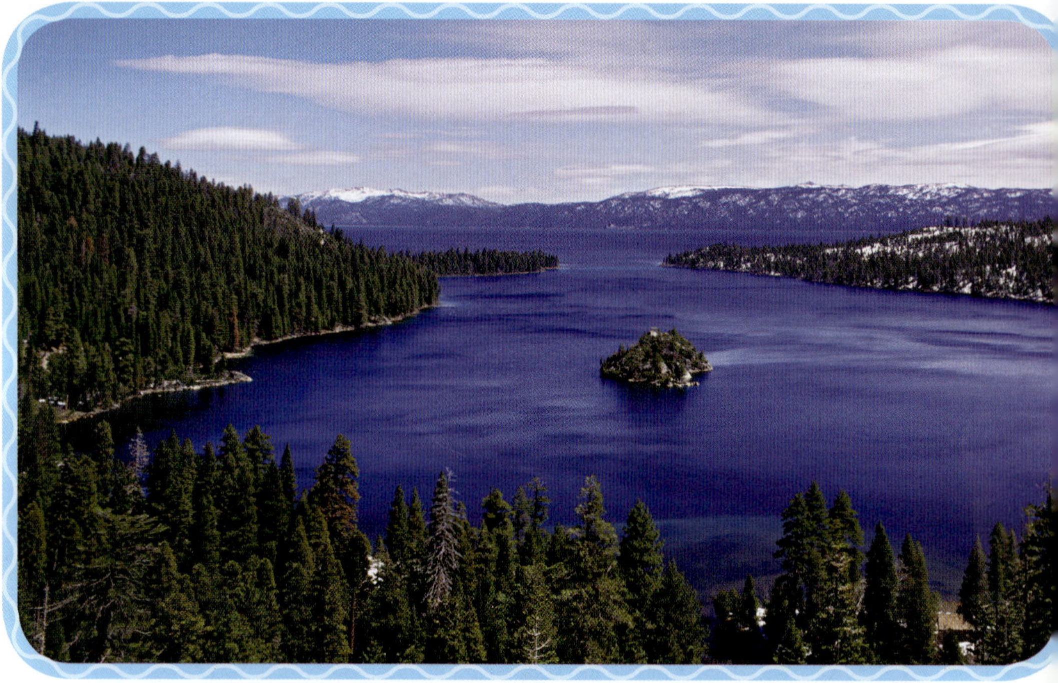

Este es un lago grande.
¿Qué ves?

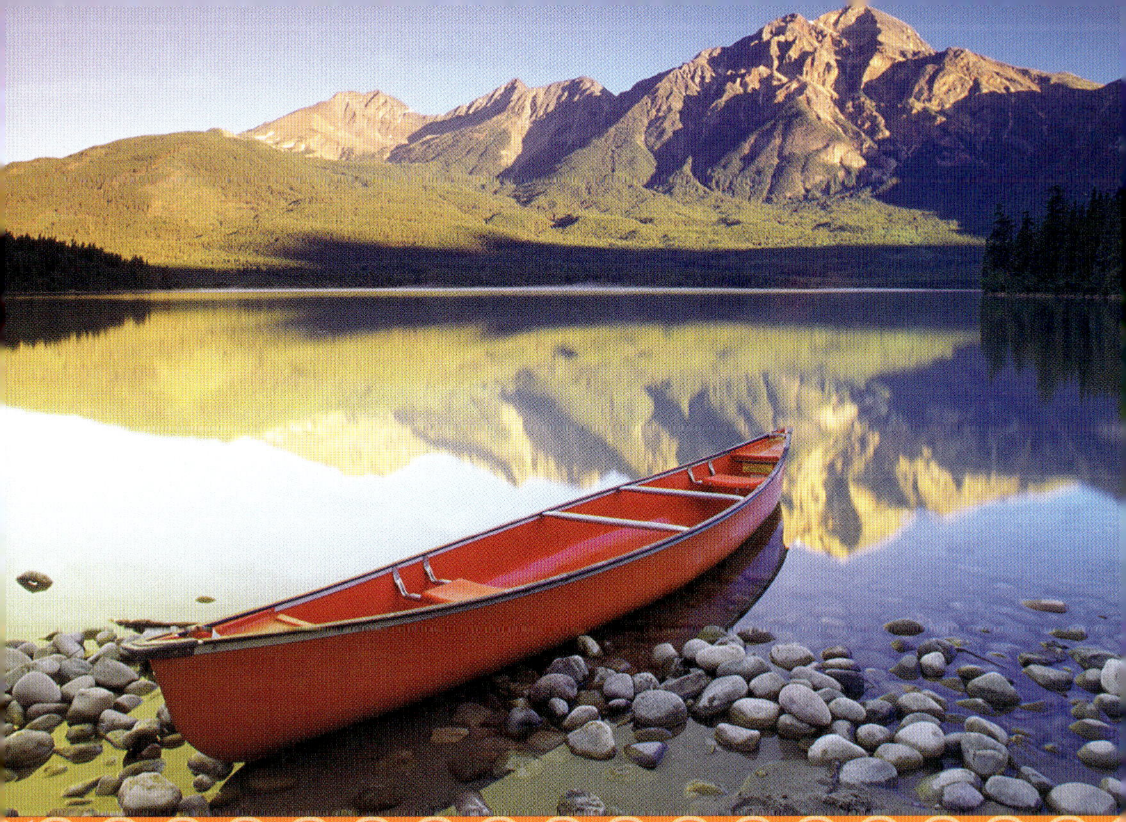

Mira el bote pequeño.

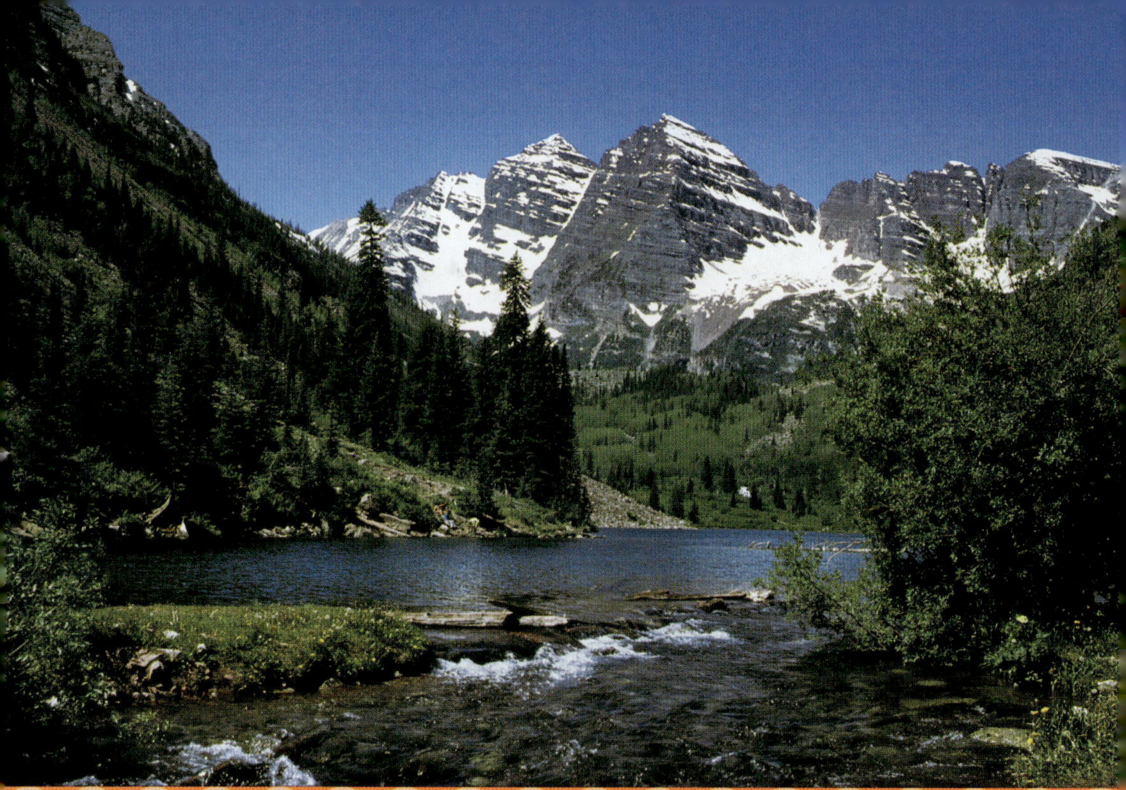

Este es un monte grande.
¿Qué ves?

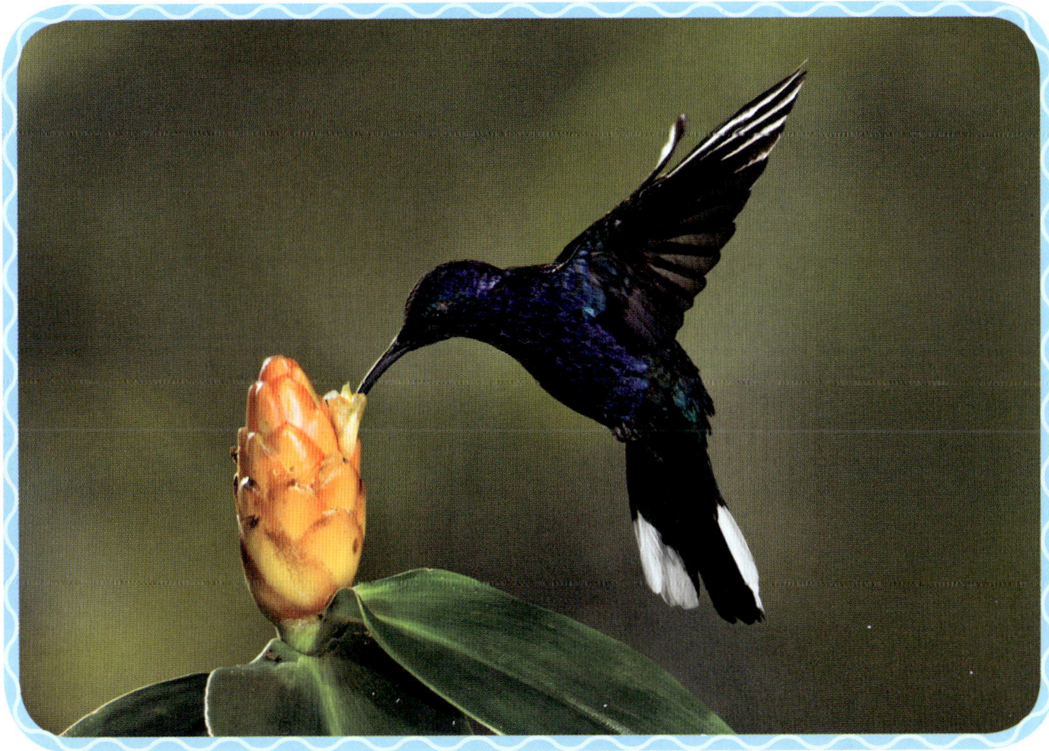

Mira el pájaro pequeño.

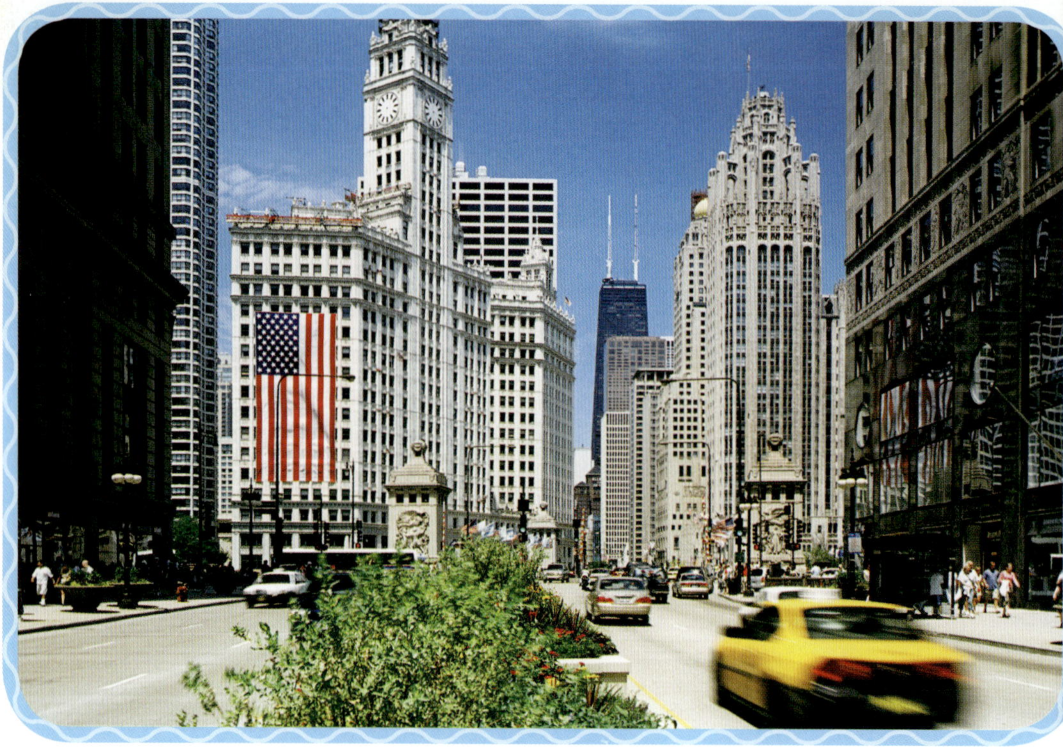

Esta es una calle grande.
¿Qué ves?

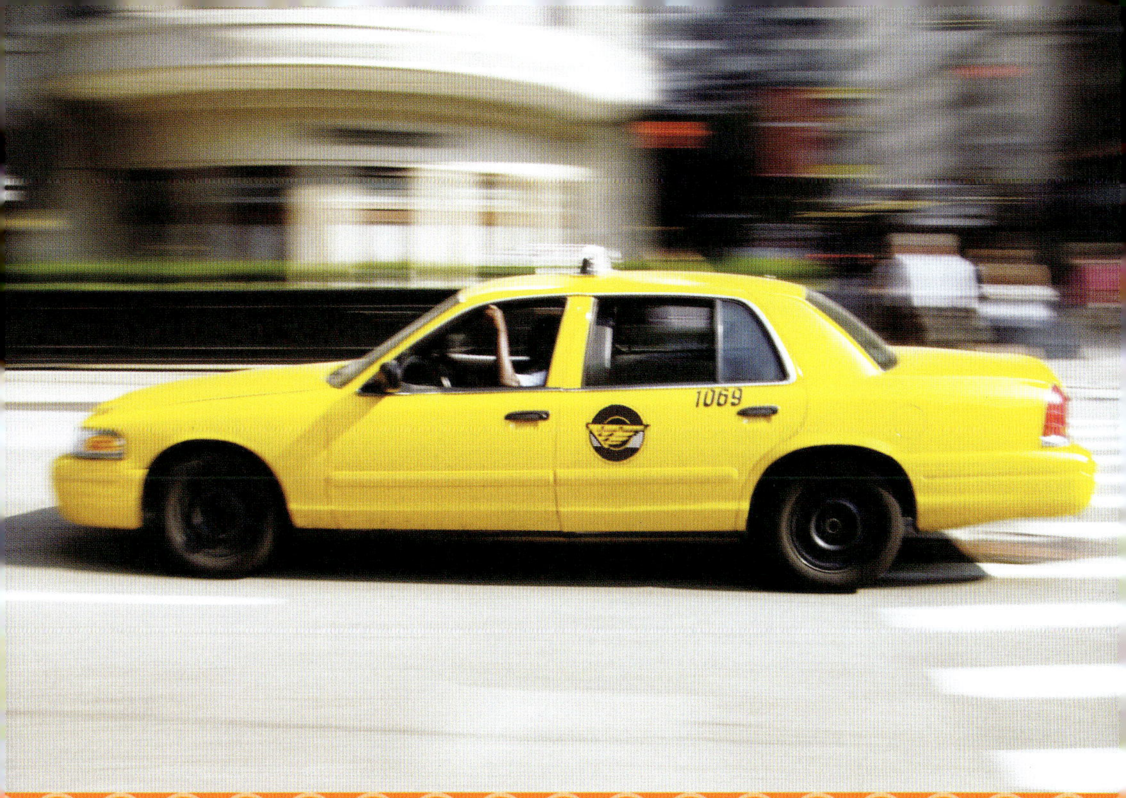

Mira el carro pequeño.

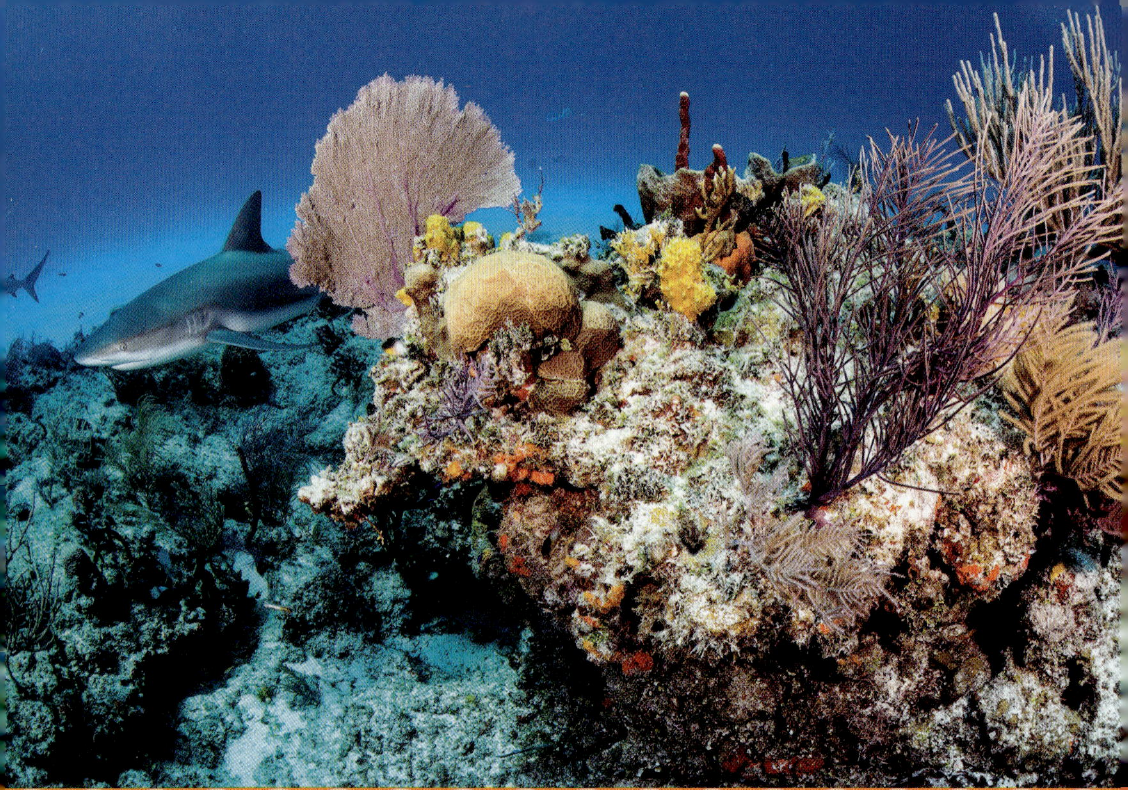

Este es el fondo del mar.
¡Es muy grande!